Walk by Faith

I0492507

Serenity Prayer

<u>Serenity Prayer</u>

Serenity Prayer

<u>Serenity Prayer</u>

Serenity Prayer

Serenity Prayer

Serenity Prayer

Serenity Prayer

Serenity Prayer

Serenity Prayer

Serenity Prayer

Serenity Prayer

Serenity Prayer

Serenity Prayer

<u>Serenity Prayer</u>

<u>Serenity Prayer</u>

Serenity Prayer

Serenity Prayer

Serenity Prayer

Serenity Prayer

Serenity Prayer

Serenity Prayer

<u>Serenity Prayer</u>

Serenity Prayer

Serenity Prayer

Serenity Prayer

Serenity Prayer

Serenity Prayer

<u>Serenity Prayer</u>

Serenity Prayer

<u>Serenity Prayer</u>

Serenity Prayer

Serenity Prayer

Serenity Prayer

<u>Serenity Prayer</u>

Serenity Prayer

Serenity Prayer

Serenity Prayer

<u>Serenity Prayer</u>

Serenity Prayer

Serenity Prayer

Serenity Prayer

Serenity Prayer

Serenity Prayer

Serenity Prayer

Serenity Prayer

Serenity Prayer

Serenity Prayer

Serenity Prayer

Serenity Prayer

Serenity Prayer

Serenity Prayer

Serenity Prayer

Serenity Prayer

Serenity Prayer

Serenity Prayer

Serenity Prayer

Serenity Prayer

Serenity Prayer

Serenity Prayer

Serenity Prayer

Serenity Prayer

Serenity Prayer

Serenity Prayer

Serenity Prayer

Serenity Prayer

Serenity Prayer

Serenity Prayer

Serenity Prayer

Serenity Prayer

<u>Serenity Prayer</u>

Serenity Prayer

Serenity Prayer

<u>Serenity Prayer</u>

Serenity Prayer

<u>Serenity Prayer</u>

Serenity Prayer

Serenity Prayer

Serenity Prayer

Serenity Prayer

Serenity Prayer

Serenity Prayer

Serenity Prayer

Serenity Prayer

Serenity Prayer

Serenity Prayer

Serenity Prayer

Serenity Prayer

Serenity Prayer

Serenity Prayer

Serenity Prayer

Serenity Prayer

Serenity Prayer

Serenity Prayer

Serenity Prayer

<u>Serenity Prayer</u>

Serenity Prayer

Serenity Prayer

Serenity Prayer

Serenity Prayer

Serenity Prayer

Serenity Prayer

<u>Serenity Prayer</u>

Serenity Prayer

Serenity Prayer

Serenity Prayer

Serenity Prayer

Serenity Prayer

Serenity Prayer

Serenity Prayer

Serenity Prayer

Serenity Prayer

Serenity Prayer

Serenity Prayer

Serenity Prayer

Serenity Prayer

<u>Serenity Prayer</u>

Serenity Prayer

Serenity Prayer

Serenity Prayer

Serenity Prayer

Serenity Prayer

Serenity Prayer

Serenity Prayer

Serenity Prayer

Serenity Prayer

Serenity Prayer

Serenity Prayer

Serenity Prayer

Serenity Prayer

<u>Serenity Prayer</u>

Serenity Prayer

Serenity Prayer

Serenity Prayer

Serenity Prayer

Serenity Prayer

Serenity Prayer

Serenity Prayer

Serenity Prayer

Serenity Prayer

Serenity Prayer

Serenity Prayer

<u>Serenity Prayer</u>

Serenity Prayer

Serenity Prayer

Serenity Prayer

Serenity Prayer

Serenity Prayer

PRAYER WARRIOR